BEI GRIN MACHT SICH IHR WISSEN BEZAHLT

- Wir veröffentlichen Ihre Hausarbeit, Bachelor- und Masterarbeit

- Ihr eigenes eBook und Buch - weltweit in allen wichtigen Shops

- Verdienen Sie an jedem Verkauf

Jetzt bei www.GRIN.com hochladen und kostenlos publizieren

Implementierung einer neuen Dienstleistung auf einem für das Unternehmen neuem Markt

Tobias Schnizler

Bibliografische Information der Deutschen Nationalbibliothek:

Die Deutsche Nationalbibliothek verzeichnet diese Publikation in der Deutschen Nationalbibliografie; detaillierte bibliografische Daten sind im Internet über http://dnb.d-nb.de abrufbar.

ISBN: 9783346567925
Dieses Buch ist auch als E-Book erhältlich.

Druck und Bindung: Books on Demand GmbH, Norderstedt Germany
Gedruckt auf säurefreiem Papier aus verantwortungsvollen Quellen

Das vorliegende Werk wurde sorgfältig erarbeitet. Dennoch übernehmen Autoren und Verlag für die Richtigkeit von Angaben, Hinweisen, Links und Ratschlägen sowie eventuelle Druckfehler keine Haftung.

Das Buch bei GRIN: https://www.grin.com/document/1163739

Deutsche Hochschule für
Prävention und Gesundheitsmanagement
Hermann-Neuberger-Sportschule 3
66123 Saarbrücken

Hausarbeit

Name, Vorname	Schnizler, Tobias
Studiengang	MBA Sportmanagement
Studienmodul	Marketing
Datum Präsenzphase (siehe Ergebnisdokumentation)	13.09.21 – 15.09.21
Aufgabe	Erstellung eines Marketingkonzeptes

Inhaltsverzeichnis

1 Vorstellung des Unternehmens + neue(s) Produkt/Dienstleistung

Im Folgenden wird das Unternehmen Kieser Training näher beleuchtet. Kieser Training ist eine gesundheitsorientiertes Fitnessstudio, welches hauptsächlich in Deutschland, Österreich, Schweiz und Australien aktiv ist.

Das Angebot umfasst Krafttraining an Maschinen inklusive regelmäßiger Trainingskontrolle und -steuerung (jedes 20. Training wird begleitet), eine umfangreiche Einführungsphase, mit insgesamt vier Begleitenden Trainings und einer Medizinischen Trainingsberatung sowie Training an Computergestützten Rückenmaschinen (Lenden- und Halswirbelsäule). Das neueste Produkt bzw. die neueste Dienstleistung, die dem Angebot hinzugefügt wurde, ist die Bio Impedanz Analyse (Kieser Training AG, 2021).

Als neue Dienstleistung, wird nun eine Reha- und Physiotherapiepraxis installiert. Dadurch erhofft sich Kieser Training, zum einen, sein Image öffentlichkeitswirksam, weg vom reinen Fitnessstudio und hin zum Gesundheitsanbieter zu verändern, um so sich noch deutlicher von den reinen Muckibuden abzuheben. Zum anderen sollen dadurch neue Kunden gewonnen werden, indem Patienten, die nach abgeschlossener ärztlichen Behandlung (z.B. nach einer OP), ihre Reha- und Physiotherapeutische Behandlung bei Kieser Training machen. Ist diese beendet, können die Patienten ihren Gesundheitsstatus mit gezieltem Krafttraining weiter verbessern. Die innerbetrieblichen Prozesse, werden so abgestimmt, dass die Instruktoren im Kieser Training Betriebssystem, genannt KIS, Anweisungen von den Therapeuten bekommen, wie der Trainingsplan zusammengestellt werden soll. Der Vorteil für die Kunden, ist der reibungslose Übergang von der Reha zum Krafttraining, um den Heilungsprozess schnellstmöglich fortzuführen.

Laut Bruhn (2016, S. 27) sie die vier klassischen marketingpolitischen Instrumente, die Produkt- (Product), Kontrahierungs- (Price), Distributions- (Place) und Kommunikationspolitik (Promotion), welche von McCarthy bildhaft mit dem Begriff der 4P′s belegt wurden (Pepels, 2012, S. 406).

Für die neu eingeführte Dienstleistung, wird zunächst auf die ersten drei P′s (Product, Price, Place) eingegangen.

Zur Produktpolitik gehören alle Aktionsparameter, Überlegungen, Entscheidungen und Handlungen, die in unmittelbarem Zusammenhang mit der Dienstleistung stehen (Nieschlag et al., 2002, S.583). Die neu angebotenen Leistungen umfassen alles Reha- und physiotherapeutischen Behandlungen, die unmittelbar im Anschluss an die Ärztliche Behandlung folgen, wie zum Beispiel die Krankengymnastik, die Manuelle Therapie oder die Medizinische Trainingstherapie. Es gehören aber auch klassische Massagen und Lymphdrainagen zu den angebotenen Dienstleistungen.

Zur Distributionspolitik gehören die Vorbereitung, Durchführung sowie die Kontrolle aller absatzpolitischen Maßnahmen des Unternehmens (Dunker, 2006, S. 203). Die Reha und Physiotherapiepraxis, soll direkt an das Kieser Training Studio angeschlossen sein. Es wird ein gemeinsamer Eingang genutzt, damit sofort ersichtlich ist, dass beides zusammengehört. Alle Behandlungen werden ambulant in der Praxis durchgeführt.

Alle Entscheidungen eines Unternehmens über das Entgelt des Leistungsangebots sowie über die möglichen Konditionen, wie Rabatte oder Liefer- und Zahlungsbedingungen werden von der Kontrahierungspolitik umfasst (Dunker, 2006, S. 31). Es wird eine Kassen Zulassung angestrebt, damit wie in vielen Therapeutischen Einrichtungen üblich, die Patienten mittels eines Rezeptes direkt vom Arzt überwiesen werden können. So übernehmen den Großteil der Kosten die Krankenkassen. Der Selbstbehalt der Kunden liegt bei zehn Euro pro Attest bei sechs Behandlungen. Privatpatienten oder Selbstzahler zahlen pauschal für alle Anwendungen 90 Euro pro Therapiestunde. Bei Mitglieder von Kieser Training entfällt der Selbstbehalt von zehn Euro pro Rezept, Selbstzahler sparen 50% auf den Therapiestundenpreis.

Der bisherige Markt, auf dem Kieser Training tätig ist, ist der Fitness- und Krafttrainingsmarkt. Bei der neuen Dienstleistung handelt es sich nun um den Physiotherapeutischen Markt, das heißt die Stufe zwischen der Ärztlichen Behandlung und dem Krafttraining. So wird dem Unternehmen ermöglicht die Kunden zu einem früheren Zeitpunkt des Heilungsprozesses zu erreichen.

2   Marktanalyse

Kieser Training ist ein international agierendes Unternehmen und vorwiegend in Deutschland, Österreich und der Schweiz tätig. Als Testmarkt für die neue Dienstleistung, wurde das Kieser Training Studio in Ulm ausgesucht, worauf sich die Marktanalyse im Folgenden bezieht.

Analyse Makroumfeld:

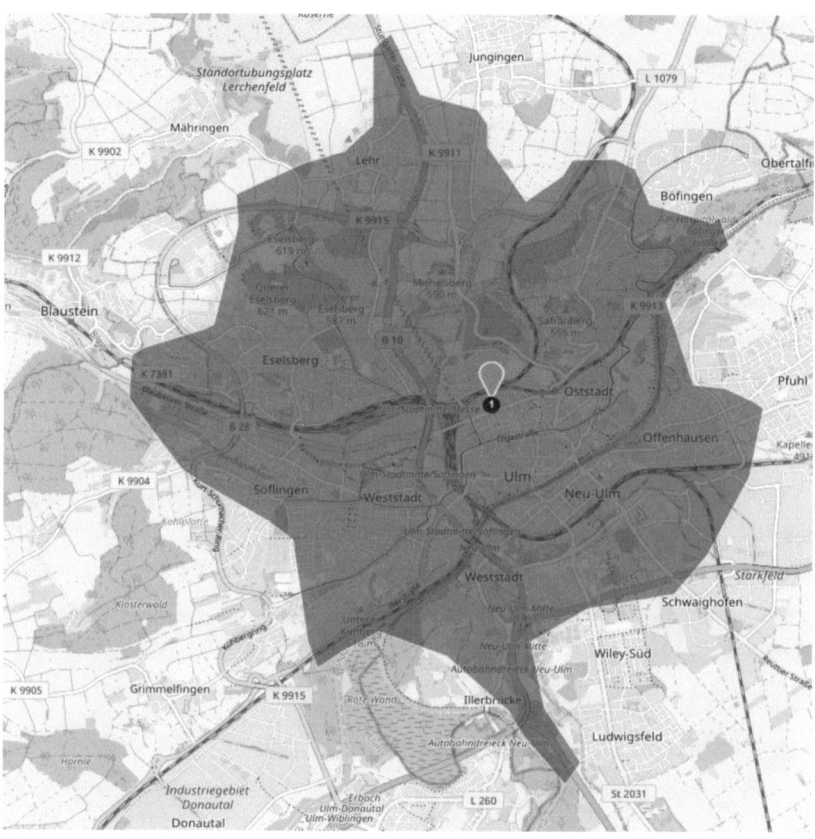

Abb. 1: Markgebiet für die neue Dienstleistung des Kieser Training Studios in Ulm, Maßstab 1:10000 (OpenStreetMap)

Zur Bestimmung des Marktgebietes wurde die Zeit-Distanz-Methode verwendet, welche auf der Annahme basiert, dass die Patienten die Erreichbarkeit eines Standortes in Abhängigkeit von der Zeit beurteilen, die sie aufwenden müssen, um die Distanz zwischen Ausgangsort und Standort zu überwinden (Zimmermann, 2002, S.43 ff.). Das Marktgebiet wurde so gewählt, dass die längste Anfahrtszeit zum Studio zehn Minuten mit dem Auto beträgt. Da die Stadt Ulm und ihre Umgebung eher ländlicher Natur sind, zählt somit zum Einzugsgebiet fast die komplette Stadt Ulm, sowie ungefähr die Hälfte der Stadt Neu-Ulm.

Die folgende Tab. 1 zeigt die Einwohner der Stadt Ulm pro Stadtteil im Marktgebiet. Die gelb markierten Stadtteile werden nur zu 50-Prozent gewertet, da sie nicht vollständig im Marktgebiet liegen. Werden die Einwohnerzahlen der Stadtteile addiert, ergibt das eine Gesamtzahl von 81.917 Einwohner in der Stadt Ulm

Tab. 1: Einwohnerzahl der Stadtteile Ulm im Marktgebiet (Stadt Ulm, 2020, S. 32, eigene Darstellung)

Stadtteil	Einwohner stand 2019
Mitte	15994
Oststadt	8450
Böfingen	12161
Weststadt	24138
Eselsberg	18671
Söflingen	11510
Lehr	2829

Neu-Ulm hat insgesamt 62.631 Einwohner (Neu-Ulm, 2020). Da aber nur etwa die Hälfte der Stadt im Marktgebiet liegt, werden bei der Berechnung sicherheitshalber etwa 40% der Gesamteinwohner berücksichtigt. Somit ergibt sich eine Gesamteinwohnerzahl im Marktgebiet von 106.969.

Im September 2020 hat die Stadt Ulm eine mögliche Demografische Entwicklung bis zum Jahr 2040 veröffentlich. Dabei wurde stets zwischen zwei Szenarien (Sz) unterschieden. Sz1 beschreibt eine optimale Entwicklung, bei Sz2 wurde vorsichtiger kalkuliert. Für die Vorausrechnung wurde Größen wie Sterbefälle, Geburtenrate und Wanderungssaldo berücksichtigt (Stadt Ulm, 2020, S.30 ff.):

Nach dem Entwicklungsverlauf des Sz1, werden 2040 603 Kindern (+16,1%) unter 3 Jahren mehr sein als 2019. Generell steigt die Zahl der unter 3-Jährigen stetig an. Das Sz2 beschreibt zunächst eine rückläufige Menge bis zum Jahr 2024, bevor auch hier ein

Wachstum einsetzt, der Kurvenanstieg bleibt jedoch gemäßigt. Im Jahr 2040 werden 56 Kinder (-1,5%) unter der Anzahl des Jahres 2019 vorausgesagt.

Die Zahl der 3- bis unter 6-Jährigen wächst von 2019 bis 2040 um 688 Kinder (19,7%) an (Sz1). Im Szenario 2 sind es in der gleichen Zeitspanne 39 Kinder (-1,1%) weniger.

Bei den 6 bis unter 10-Jährigen wird von 2019 bis 2040 eine Zunahme um 1.038 Kinder (+23%) erwartet. Beim Sz2 liegt der Erwartungswert im Jahr 2040 bei 4.702 Kindern (+4,1%).

Die Zahl der 10- bis unter 18-Jährigen, wächst im Sz1 um 2.447 Personen (+27,9%), im Sz2 lediglich um 861 (+9,8%) an.

Die Vorausrechnungsergebnisse der 18- bis unter 25-Jährigen, gibt an, das im Jahr 2040 ein Anstieg um 2.210 jungen Erwachsenen (+17,1%) im Sz1 zu erwarten ist. Im Sz2 hingegen nur ein Anstieg um 992 also 7,7%.

Bei den 25- bis unter 35-Jährigen, wird im Sz1 eine Differenz von 3.455 Menschen (16,3%) und im Sz2 ein Differenz von 1.623 Menschen (+7,7%) vorausgesagt.

Die Zahl der 35- bis unter 65-Jährigen steigt bis 2040 auf 9.063 Personen (+18,5%) an. Im 2. Szenario werden 6.149 Menschen (+12,5%) berechnet.

Auch die 65- bis unter 85-Jährigen werden mehr. Laut Sz1 sind liegt die Differenz bei 3.273 (+15,9%) und im Sz2 bei 2.983 (+14,3%).

Es werden im 1. Szenario 727 (+21,8%) mehr 85-Jährige oder älter erwartet. 694 (+20,8%) ist die Differenz in Sz2.

Zusammenfassend lässt sich sagen, dass die Stadt Ulm im Jahr 2019 127.508 Einwohner hat. Bis zum Jahr 2040 könnte diese Zahl im Intervall zwischen 23.504 (+18,4%) (Szenario 1) und 13.391 (+ 10,5%) ansteigen. Es wird also auf jeden Fall ein Wachstum erwartet. Eine Physiotherapie nehmen überwiegend Kranke Menschen in Anspruch, was bedeutet das vor allem Arbeitstätige (falsche Belastung etc.) und Alte Personen zu den Patienten gehören. Daher ist es positiv zu beurteilen, dass die Personen in Ulm tendenziell eher älter werden.

Bei der Beurteilung der wirtschaftlichen Erfolgsaussichten, werden die Kaufkraft, die Einkommensverteilung und Arbeitslosenquote berücksichtigt.

Die Kaufkraft der Stadt Ulm liegt bei 108,1 (Stadt Ulm, 2019). Zum Vergleich wird die Kaufkraft für ganz Deutschland herangezogen, diese liegt bei 100,0, womit Ulm in diesem Punkt als sehr positiv zu bewerten ist.

Durchschnittlich hat ein Ulmer Haushalt 25.909, - Euro (Statistisches Landesamt Baden-Württemberg, 2017) an Einkommen zur Verfügung, über die genaue Einkommensverteilung, wurden keine Angaben gemacht.

Die Arbeitslosenquote im Marktgebiet liegt bei 3,0 Prozent, was ebenfalls als positiv zu bewerten ist, wenn betrachtet wird, dass die Arbeitslosenquote in Deutschland bei 5,6 Prozent liegt.

Die politisch-rechtliche Entwicklung hängt derzeit stark von der Corona-Pandemie ab, weshalb sich hier fast wöchentlich was Neues ergeben kann.

Analyse Mikroumfeld:

Tab. 2: Analyse zweier Mitbewerber (eigene Darstellung)

Vamed Rehazentrum Ulm (2021)	
Zielvorstellungen	Steigerung des Marktanteils (u.a. gehören bereits 18 Rehakliniken zu Vamed)
Strategie	Zielerreichung durch besseren Service und besserer Qualität
Stärken und Schwächen	Stärken: langjährige Erfahrung (seit 1995), starke Kooperationen (z.B. Deutscher Skiverband) Schwächen: teilweise unfreundliches Personal (eigene Erfahrung), lange Wartezeit auf Termine
Reaktionsprofil	Versuch über bessere Qualität und niedrigere Preise die Oberhand am Markt zu behalten
M1 Physiotherapie Ulm (2021)	
Zielvorstellung	Strebt eine friedliche Koexistenz an
Strategie	Zielerreichung durch hohe Kompetenz und Freundlichkeit der Mitarbeiter
Stärken und Schwächen	Stärken: hoher Bekanntheitsgrad in Ulm, junges und authentisches Team, Lage direkt im Wohngebiet Schwächen: sehr kleine Praxis (Behandlung teilweise im Gang)

Reaktionsprofil	Aufgrund der Lage direkt im einen Wohngebiet und der damit verbunden Nähe zu den Patienten, wird sich nicht viel ändern

Als mögliche Kooperationspartner kommen sämtlich Krankenhäuser und Ärzte. Diese können ihre Patienten dann an Kieser Training überweisen. Die Stadt Ulm hat mit der Uni-Klinik und dem Bundeswehrkrankenhaus zwei optimale Partner. Aber auch Sportvereine wie der SSV Ulm 1846 Fußball und Ratiopharm Ulm kommen als Kooperationspartner infrage, da diese ihre verletzten SportlerInnen zu der Praxis schicken kann. Gleichzeitig wird durch diese Kooperationen der Bekanntheitsgrad der neuen Praxis erhöht.

3 Strategische Marketingplanung

In Tab. 3 werden zwei langfristige Marketingziele festgelegt, die laut Becker (2013, S.61) angestrebte zukünftige Sollzustände, die mit dem Verfolgen von Marketingstrategien und dem Einsatz der Marketinginstrumente realisiert werden sollen, determinieren.

Tab. 3: Langfristige Marketingziele (eigene Darstellung)

Langfristige Marketingziele	
1	Im ersten Geschäftsjahr sollen 300 Patienten gewonnen werden
2	Im ersten Geschäftsjahr sollen 50 Prozent der Einwohner im Marktgebiet die Physiotherapiepraxis kennen

Die festgelegten Marketingziele stellen nun die Sollvorgabe dar, die durch die Auswahl geeigneter Marketingstrategien zu erreichen gilt (Meffert et al., 2019, S. 256). Im Folgenden wird für eines der in Tab. 3 festgelegt Ziele eine Marketingstrategie entworfen.

Das Ziel ist es im ersten Geschäftsjahr 300 Patienten zu akquirieren. Um dies zu erreichen wird der Markt in einem ersten Schritt segmentiert. Zur anfänglichen Zielgruppe gehören alle Personen, die im Marktgebiet wohnen und deren Ärztliche Behandlung, wegen körperlicher Beschwerden bald zu Ende geht. Das bedeutet, dass die Marketingstrategie zunächst auf potenzielle Patienten abzielt, die keinen weiten Anfahrtsweg haben und bei denen in nächster Zeit die Nachfrage nach Physiotherapeuten steigt.

Des Weiteren gehören Arbeitende Personen zur Zielgruppe, die aufgrund von Fehl- oder Überbelastung körperliche Beschwerden, wie zum Beispiel Verspannungen in Hals- und Lendenwirbelsäule, haben.

Im Rahmen der Zielmarktfestlegung wird nun beschlossen, dass sich die Marketingstrategie auf die erst genannte Marktsegmentierung konzentriert, da hier vermutlich, bei den Patienten, die größere Dringlichkeit besteht, einen Physiotherapeuten aufzusuchen. Personen, die in ärztlicher Behandlung sind, werden meisten von den Ärzten angewiesen, direkt nach Abschluss eine Rehabilitative oder Physiotherapeutische Maßnahme einzuleiten, um den Heilungsprozess voranzutreiben (z.B. nach einer OP). Hier besteht eindeutig eine Chance, möglichst schnell, möglichst viele Patienten zu gewinnen.

Nach der Marktsegmentierung und der Zielmarktfestlegung, folgt nun die Positionierung. Kieser Training will sich mit seiner Physiotherapie so positionieren, um ein unverwechselbares Image aufzubauen und sich dadurch auch klar von der Konkurrenz abgrenzen. Es soll das Image aufgebaut werden, der Ansprechpartner Nummer eins zu sein, wenn ein Physiotherapeut mit hoher Sozial- und Fachkompetenz gesucht wird. Es soll ein Wohlfühloase geschaffen werden, in der sich der Patient sowohl menschlich wie auch fachlich gut aufgehoben fühlt. Ein Ziel hierbei ist das Empfehlungsmarketing voranzutreiben, um so neuen Kunden mit wenig Aufwand zu akquirieren.

Bei der Marktfeldstrategie handelt sich um die Diversifikationsstrategie, das heißt, es wird ein neues Produkt auf ein für das Unternehmen neuen Markt gebracht (Meffert et al., 2019, S. 308 ff.). Genauer gesagt handelt es sich um die vertikale Diversifikation, da Kieser Training mit dem Krafttraining bereist ein Produkt anbietet, dass im Gesundheitswesen zuhause ist. Nun kommt mit der Reha und Physiotherapiepraxis eine neue Dienstleistung hinzu, die auf derselben Wertschöpfung vermarktet wird.

Bei den Wettbewerbsstrategien wird nach Porter (2000, S.37) zwischen drei grundsätzlichen Strategietypen unterschieden: die Kostenführerschaft, die Differenzierung und die Konzentration auf Schwerpunkte.

Kieser Training wählt dabei die Differenzierungsstrategie, indem die eigens vom Unternehmen entwickelten, Computergestützten Rückenmaschinen in das Therapie Angebot mit aufgenommen werden. So profitieren vor allem Kunden mit Wirbelsäulen Problemen, von einem Angebot, dass es so nur bei Kieser Training gibt und womit man sich deutlich durch einen USP von der Konkurrenz abgrenzt.

Als Markenstrategie, wird die Dachmarkenstrategie gewählt, bei der sämtliche Produkte und Dienstleistungen eines Unternehmens unter einer Marke zusammengefasst werden

(Bruhn, 2016, S. 145 ff.; Meffert et al., 2000, S. 856 ff.). Es wird einmal die Dienstleistung Krafttraining und einmal die Dienstleistung Physiotherapie angeboten, es läuft aber beides unter dem Namen Kieser Training. So soll eine unverwechselbare Unternehmens- und Markenidentität aufgebaut werden. Beide Dienstleistungen tragen dabei zur Profilierung der Dachmarke bei (Bruhn, 2016, S. 145 ff.; Meffert et al., 2000, S. 856 ff.). Ein weiterer Vorteil ist die Senkung des Floprisikos und die schnellere Akzeptanz bei den Konsumenten (Bruhn, 2016, S. 145 ff.; Meffert et al., 2000, S. 856 ff.), da es die Marke Kieser Training schon seit über 50 Jahren gibt und sie stehts für hohe Qualität steht.

4   Kommunikationskonzept

Im Folgenden wird im Rahmen des operativen Marketings ein cross-mediales Kommunikationskonzept entwickelt, dabei werden fünf kommunikationspolitische Instrumente verwendet. Tab.4 fasst die genutzten Instrumente zusammen.

Tab. 4: Kommunikationspolitische Instrumente zur Realisierung der Marketingziele

Instrument	Kosten
Werbeanzeige in der Südwestpresse (SWP)	Ganze Seite: 13.687,52 € (SWP, 2021, S. 11)
Social-Mediamarketing	1000,-€ für ein professionelle Agentur
Direktmarketing	5000 Briefe in der Ulmer Stadtmitte versendet mit der Deutschen Post: 2400,-€ (Deutsche Post, 2021)
Public Relations	1000,-€ Budget zur Vorbereitung einer Veranstaltung und eines Vortrages im Unternehmen
Radiospots	30 Sek. Spot, 3-Mal am Tag auf Donau3FM: 561,-€ (Donau3FM, 2021, S. 9)

Die Instrumente wurden so gewählt, dass möglichst viele, im Marktgebiet lebende Menschen auf die neue Dienstleistung von Kieser Training aufmerksam gemacht werden. Generell haben alle eingesetzten Medien die Ziele, ein Image aufzubauen, die neue Dienstleistung bekanntzumachen, Informationen über die Dienstleistung zu verbreiten und natürlich möglichst viele Patienten gewinnen. Mit der Anzeige in der Südwestpress, einer der größten Zeitungen in Ulm, soll zum einen älteres Publikum erreicht werden und zum anderen liegen Zeitungen oftmals bei Ärzten und in Krankenhäusern aus, so dass eine Zielgruppe direkt erreicht wird. Nach Angaben auf der Homepage der Südwestpresse kostet eine Seite im Anzeigenteil 13.687,52 €.

Mit dem Social-Mediamarketing sollen vor allem Jugendliche und Junge Erwachsene erreicht werden. Neben den oben genannten Zielen, ist hier ein weiteres Ziel, für die Zukunft gewappnet zu sein. In ein paar Jahren, wenn die heutige Jugend zu den Alten Menschen zählt, kann mit Social-Mediamarketing jede Altersgruppe erreicht werden, umso früher damit angefangen wird umso besser. Hierfür soll eine professionelle Agentur beauftragt werden, das. Budget liegt bei 1000,-€

Mit dem Direkt-Mailing werden Personen erreicht, die fünf bis zehn Gehminuten vom Kieser Training entfernt wohnen und somit die Hürde einer zulangen Anfahrt gleich null ist. 5000 Briefe, mit einem Flyer im Umschlag kostet nach Angaben der Deutschen Post 2400,-€.

Die Radiospots sollen hauptsächlich den Arbeitenden Teil der Gesellschaft erreichen, weshalb die Sendezeiten so gewählt werden, dass der Spot morgens im Auto auf den Weg zur Arbeit (7:00 – 08:00 Uhr), in der Mittagspause (13:00 – 15:00 Uhr) und abends auf dem Heimweg (15:00 – 18:00) gehört werden kann. Des Weiteren laufen die Spots von Montag bis Samstag. Als Sender wurde Donau3FM gewählt, welcher direkt in Ulm ansässig ist. Werden die Kosten der drei Sendezeiten zusammengerechnet, ergibt das Gesamtkosten in Höhe von 561,-€ (Donau3FM, 2021, S. 9).

Zu guter Letzt wird eine Veranstaltung geplant, bei der ausgewählte Ärzte und Physiotherapeuten, die in Zukunft für Kieser Training tätig sind, Vorträge halten, um das Produkt und vor allem dessen Vorzüge vorzustellen. Um auf die Veranstaltung aufmerksam zu machen, werden Flyer verteilt. Hierfür wird ein Budget von 1000,-€ bereitgestellt.

Es in jedem gewählten Instrument die gleiche Anzeige geschaltet. Abgesehen davon besteht der Zusammenhang der Medien in den oben genannten Zielen und in der Erreichung einer möglichst breiten Masse an Personen.

Als Budget stehen 20.000, -€ zur Verfügung (2% des Jahresumsatzes). Die Gesamtkosten aller gewählten Medien beläuft sich auf 18.648,52 €, womit das vorgegebene Budget eingehakten wurde. Da aber noch 1.351,48 € übrig sind, ist zu empfehlen die Maßnahmen noch auszuweiten. So könnten zum Beispiel noch mehr Haushalte per Direkt-Mailing angeschrieben oder zusätzlichen Sendezeiten im Radio generiert werden.

Eine weitere Controlling-Möglichkeit ist zum Beispiel die Effizienzanalyse, insbesondere die Effizienz in der Werbung. Laut Bruhn (2012, S. 298 f.), Poth & Poth (2003) und Weis (2009, S. 557) können dabei Folgende Kennzahlen erhoben, zur Kontrolle des Kommunikationskonzeptes werden:

- Leser pro Ausgabe: gibt die durchschnittliche Anzahl der Leser der Südwestpresse an
- Einschaltquote: gibt die Anzahl der Hörer an, die in den Sendezeiten des Werbespots eingeschaltet haben
- Nettoreichweite: gibt an wie viele Nutzer eines Medium mindestens einmal erreicht wurden

Zudem kann die Balanced Scorecard (BSC) als Controlling Instrument verwendet werden. Darunter versteht man ein Steuerungs- und Kontrollkonzept, das die Strategien und operativen Aktivitäten integriert darstellt und auswertet (Weis, 2009, S. 559). Als Kennzahl werden hier die angestrebten 300 Kunden im ersten Geschäftsjahr verwendet. Mit Hilfe der BSC soll nun erfasst werden, ob das Marketingkonzept effektiv genug ist, das angestrebte Ziel zu erreichen.

5 Literaturverzeichnis

Becker, J. (2013). *Marketing-Konzeption. Grundlagen des ziel-strategischen und opera tiven Marketing-Managements* (10. Aufl.). München: Vahlen.

Bruhn, M. (2012). *Marketing. Grundlagen für Studium und Praxis* (11. Aufl.). Wiesbaden: Springer.

Bruhn, M. (2016). *Marketing. Grundlagen für Studium und Praxis* (13., aktualisierte Aufl.). Wiesbaden: Springer Gabler.

Deutsche Post. (2021). *Erst Kosten checken, dann Kunden binden.* Zugriff am 23.09.2021. Verfügbar unter https://www.deutschepost.de/de/w/werben.html?cid=c_print_mailing_einfach_se_1E4_20190003_5813_A3193&s_kwcid=AL!6093!3!463147351407!b!!g!!deutsche%20post%20infopost%20preise

Donau 3FM. (2021). *Mediadaten Radio.* Zugriff am 22.09.2021. Verfügbar unter https://www.donau3fm.de/werben/

Dunker, M. (2006). *Marketing* (Das @Kompendium, 2. Aufl.). Rinteln: Merkur.

Häusser, T. (2020). *Bevölkerungsvorausrechnung Stadt Ulm 2040.* Zugriff am 22.09.2021. Verfügbar unter https://www.statistik-bw.de/FaFo/Management/DKB421_BevVorausRechn.pdf

Kieser Training AG. (2021). *Trainingskonzept. Das erhalten sie bei Kieser Training.* Zugriff am 20.09.2021. Verfügbar unter https://www.kieser-training.de/training/konzept/

M1 Physiotherapie Ulm. (2021). Zugriff am 23.09.2021. Verfügbar unter https://m1physiotherapie-ulm.de/

Meffert, H. (2000). *Marketing. Grundlagen marktorientierter Unternehmensführung; Konzepte – Instrumente – Praxisbeispiele* (9., überarbeitete und erweiterte Aufl.). Wiesbaden: Gabler.

Meffert, H., Burmann, C., Kirchgeorg, M. & Eisenbeiß, M. (2019). *Marketing. Grund lagen marktorientierter Unternehmensführung* (13., überarbeitete und erweiterte Aufl.). Konzepte – Instrumente – Praxisbeispiel. Wiesbaden: Springer Gabler.

Neu-Ulm. (2020). *Einwohnerzahl und Fläche.* Zugriff am 22.09.2021. Verfügbar unter https://nu.neu-ulm.de/de/stadt-politik/stadtinfo/neu-ulm-in-zahlen/einwohner-flaeche/

Nieschlag, R., Dichtl, E. & Hörschgen, H. (2002). *Marketing* (19., überarbeitet und ergänzte Aufl.). Berlin: Duncker & Humblot.

Pepels, W. (2012). *Handbuch des Marketing* (6., überarbeitet und erw. Aufl.). München: Oldenbourg.

Porter, M. E. (2000). *Wettbewerbsvorteile. Spitzenleistungen erreichen und behaupten* (6. Aufl.). Frankfurt: Campus.

Poth, L. & Poth, G. (2003). *Gabler Kompakt-Lexikon Marketing* (2. Aufl.). Wiesbaden: Gabler

Stadt Ulm. (2019). *Einzelhandelsdaten zur Stadt Ulm. Sozioökonomische Strukturdaten 2019.* Zugriff am 21.09.2021. Verfügbar unter https://stadtentwicklungsverband.ulm.de/standort/strukturdaten/einzelhandelsdaten/

Statistische Landesämter Baden-Württemberg. (2017). *Wirtschaftsleistung in 2017 in €.* Zugriff am 21.09.2021. Verfügbar unter https://stadtentwicklungsverband.ulm.de/standort/strukturdaten/wirtschaftsdaten/

Südwestpresse. (2021). *Mediadaten 2021.* Zugriff am 23.09.2021. Verfügbar unter https://www.swp.de/downloads/11/2/4/9/7/1/5/0/7/Mediadaten_Ulm_2021_neu.pdf

Vamed Rehazentrum Ulm. (2021). *Über uns.* Zugriff am 22.09.2021. Verfügbar unter https://www.vamed-gesundheit.de/reha/ulm-rehazentrum/unser-rehazentrum/ueber-uns/

Weis, H. C. (2009). *Marketing* (15., verbesserte und aktualisierte Aufl.). Ludwigshafen (Rhein): Kiehl.

Zimmermann, M. (2002). *Standortplanung für Dienstleistungsunternehmen. Das Bei spiel multifunktionelle Sportanlagen.* Wiesbaden: Deutscher Universitäts-Verlag.

6 Abbildungs- und Tabellenverzeichnis

6.1 Abbildungsverzeichnis

6.2 Tabellenverzeichnis